8° L7
1765 k

7

Lk 1765.

RÉFLEXIONS

DE M. LE DUC

DE LAROCHEFOUCAULD,

SUR LA TRANSLATION A TOULOUSE DE L'ÉCOLE
ROYALE D'ARTS ET MÉTIERS DE CHALONS.

Prix : 75 cent., au profit des Pauvres.

PARIS,

CHEZ L'ÉDITEUR DES TABLETTES UNIVERSELLES,

RUE RAMEAU, N° 6.

1823.

IMPRIMERIE DE CONSTANT-CHANTPIE,
Rue Sainte-Anne, n. 20.

RÉFLEXIONS

DE M. LE DUC

DE LAROCHEFOUCAULD.

Si, lorsque j'étais encore inspecteur-général des arts et métiers, le Ministre de l'Intérieur eût daigné consulter ma vieille expérience sur le projet de translation à Toulouse de l'École établie depuis 18 ans à Châlons, je lui aurais soumis, sur les inconvéniens de cette translation, des observations qui auraient peut-être fait changer ou modifier son projet. Je n'ai connu ce projet que par les journaux qui ont annoncé l'ordonnance qui le réalise. Je rends publiques ces observations qu'alors j'aurais adressées au Ministre seul. Peut-être, malgré toute vraisemblance, lui paraîtront-elles de nature à mériter quelques changemens dans l'exécution annoncée de son plan. Il y a quelquefois bien loin entre la publication d'une ordonnance et sa complète exécution.

Le proverbe trivial que deux déménagemens équivalent à un incendie, acquiert encore plus de vérité pour un grand établissement, et particulièrement pour une École d'arts et métiers, qui réunit un matériel immense dont le déplacement seul détruit une grande partie de la valeur; et si la translation de cet établissement doit se faire à une distance de deux cents lieues, les dépenses seules deviendraient énormes, abstraction faite de tant d'autres inconvéniens qui, selon toute probabilité, doivent entraîner la ruine totale de l'École, et tromper ainsi, sans doute, les vues de ceux qui ont résolu cette translation.

Sous le rapport de la dépense, je consulte celles qui ont été faites lors de la translation de l'École de Compiègne à Châlons, dans lesquelles je comprends tous les accroissemens que l'augmentation du nombre des ateliers, que l'agrandissement des dortoirs, que l'achat des maisons pour le logement des professeurs et chefs d'ateliers ont occasionées; elles se montent à 241,000 fr., sans comprendre les frais de la translation du personnel des élèves, la distance de Compiègne à Châlons n'étant que de quatre journées de marche. On ne peut supposer que le local destiné à Toulouse à l'École des Arts, y soit plus approprié que n'était celui de Châlons. Ce n'est donc pas estimer trop haut les dépenses pour l'appropriation du local, la mise en place du mobilier de l'École et des ateliers, que de la porter à 200,000 fr.

D'après ce que je connais de l'ensemble de ce mobilier, on ne peut guère en évaluer le poids à moins de 500 milliers métriques. Leur transport, selon le prix actuel du roulage, étant, au plus bas, de 25 fr. par quintal métrique, produira une dépense de 125,000 fr. Il faut néanmoins subir cette dépense, quelque énorme qu'elle paraisse, ou bien vendre le mobilier à Châlons, en tout ou en partie. Par les derniers inventaires, l'estimation du mobilier de l'École s'est élevée

à. . . . . 210,000 fr.
Celui des ateliers à. . . . 240,000
                           ―――――――
                Total. . . . . 450,000 fr.

et cette estimation a été faite à peu près à la moitié de la valeur de tous les objets estimés s'ils étaient neufs. Ils seraient vendus encore fort au-dessous de l'estimation, et ne seraient pas remplacés à Toulouse pour 7 à 800,000 fr. Il faut donc, comme je l'ai dit, se soumettre à la dépense énorme du transport. Il faut ajouter à ces 325,000 fr. les frais de transport de Châlons à Toulouse du personnel des élèves et des employés ; les indemnités à leur accorder pour le transport de leur famille, de leur mobilier; pour leur premier établissement; car je suppose toujours qu'on veut être juste, et je ne crois pas estimer trop haut l'ensemble de ces dépenses en les portant à 100,000 fr. Il faut encore compter en ligne de dépense les pensions de retraite à accorder à divers professeurs, chefs d'ateliers ou employés qui, trop vieux ou trop infirmes pour aller faire un nouvel établissement à deux cents lieues, auraient pu rendre encore, sans ce déplacement, d'utiles services à l'École, pendant plusieurs années. Je porte encore à la même somme de 100,000 fr., les frais nécessaires pour l'accommodation des bâtimens occupés aujourd'hui à Châlons par l'École, à l'usage nouveau auquel ils sont destinés, et je trouve une dépense totale de 525,000 fr.

Assurément, avec une dépense fort au dessous de 200,000 fr., on bâtirait à Châlons un vaste séminaire, et on économiserait ainsi 300,000 fr. à l'État.

Sous le rapport de la prospérité de l'École, les inconvéniens sont beaucoup plus grands encore. D'abord, sous le rapport de l'instruction, elle serait suspendue au moins pendant six mois, et ce n'est peut-être pas assez dire. Nous avons le souvenir que, lors de la translation de l'École de Compiègne à Châlons, la précipitation avec laquelle le gouvernement d'alors a voulu faire occuper le nouvel établissement, a occasioné une épidémie qui a atteint presque tous les élèves, et dans laquelle vingt-huit ont succombé. Que faire des élèves pendant ces six mois? Ceux qui ont des famille seraient probablement renvoyés, et, plus probablement encore, un grand nombre d'entre eux, effrayés par la distance du nouvel établissement, resteraient dans leurs familles; les uns avec un commencement d'instruction, qui ne leur servirait à rien, quoique ayant coûté à l'État deux ou trois années de pension; les autres avec une instruction plus avancée, déjà bons ouvriers; et l'École perdrait alors le fruit qu'elle a droit d'attendre de leurs travaux. Il faut distinguer l'École en deux divisions: l'une, l'École proprement dite, c'est-à-dire celle où se donne l'instruction théorique, et qui pourvoit à la nourriture des élèves; et l'autre, ses ateliers, que l'on ne peut considérer autrement que comme une grande maison de manufacture qui doit se soutenir, au moins, en grande partie, par la vente de ses produits. Les ateliers de l'École de Châlons ont été plusieurs années, avant de se faire connaître même dans les environs, comme capables de fournir aux demandes qui pourraient leur être faites. Il se passera plusieurs années avant que la confiance que leurs travaux ont méritée à Châlons et dans les villes voisines soit obtenue dans leur nouvel établissement, quand bien même l'École y arriverait intégralement comme elle est aujourd'hui à Châlons. Et cependant, il faut que les ateliers travaillent pour l'instruction des élèves; et, s'ils travaillent sans demandes, quelle sera l'énormité des dépenses qu'ils occasionneront! Il y a plus: les commandes les plus importantes, faites aujourd'hui aux ateliers de Châlons, le sont par le garde-meuble de S. M., par les princes, par les gens riches de la capitale. Le rapprochement de Châlons à Paris rend les transports faciles et courts, et cette même distance permet aux chefs d'ateliers, et même aux chefs de l'instruction de l'École, de venir chercher à Paris les nouveaux goûts, les nouvelles formes, sans lesquelles les demandes de meubles, d'objets ciselés, de serrurerie soignée, cesseraient bientôt d'être adressées à l'École. Dans un pays aussi environné de manufactures que l'est Châlons, les demandes de métiers, de machines de toute espèce sont faites très-fréquemment, et étant une instruction très-utile aux élèves qui y travaillent, elles sont un élément productif pour les ateliers de l'École. Toulouse et ses environs peuvent-ils donner une telle espérance? La distance de Toulouse à Paris promet-elle aucun de ces avantages? Le garde-meuble lui-même, malgré les bonnes intentions de son intendant-général, consentira-t-il à payer les frais énormes d'un long transport, et à en éprouver toutes les chances? Peut-il en être autrement des autres grands consommateurs? Il y a plus encore : un atelier d'horlogerie est établi à l'École de Châlons, sous la direction du savant M. Breguet, qui prend à son compte les produits, et fait, deux fois par an, le voyage de Châlons, pour surveiller et diriger lui-même, et son contre-maître, et les jeunes ouvriers. Se soumettra-t-il à ces longs voyages? Se soumettra-t-il aux frais énormes des transports? on peut répondre par la négative à ces deux questions. Et ainsi l'atelier qui forme un genre d'ouvriers pour l'horlogerie, qui, au dire de M. Breguet, manquait en France, n'existera plus.

Cent pensionnaires sont aujourd'hui à l'École à leurs propres frais, et épargnent ainsi à l'État une dépense annuelle de 50,000 fr. Ces pensionnaires appartiennent tous à Paris, ou à des départemens environnant le département de la Marne, et qui sont les plus industriels; est-il probable que ces élèves pensionnaires suivent l'École à Toulouse? Est-il probable que les départemens dont les conseils-généraux ont voté des fonds pour l'entretien, à Châlons, de deux, quatre élèves pensionnaires, consentent à les envoyer à Toulouse? Il faut donc compter qu'au moins les trois quarts des élèves pensionnaires ne suivront pas l'École dans sa nouvelle destination, ce qui sera, pour l'État, une perte dans sa recette toujours considérable, car on ne peut supposer que Toulouse et ses environs fournissent, au moins pendant les premières années, la quantité de cent élèves pensionnaires.

On doit croire encore qu'une portion considérable d'élèves actuels à demi et à quart de pension seront disposés à renoncer à ce bienfait de S. M. plutôt que de se soumettre à ce grand éloignement de leurs familles et à l'impossibilité de venir visiter leurs parens pendant les vacances, tant à cause de la distance que de la dépense des voyages.

Ce n'est pas tout encore, les élèves, après le temps achevé de leur instruction, doivent chercher à se placer pour mettre à profit l'industrie qu'ils ont acquise ; celle qu'ils ont reçue en met une grande proportion en état d'être contre-maîtres ou directeurs dans les établissemens d'industrie ; les demandes de ces élèves à Châlons sont nombreuses. Les chefs de maisons viennent souvent les chercher et les choisir eux-mêmes, parce que, encore une fois, Châlons est environné de départemens où les manufactures sont très abondantes. En sera-t-il de même dans le midi de la France, où l'industrie manufacturière est bien moins en activité ? Ce n'est pas tout que d'élever et d'instruire les élèves pour les arts, le bienfait du gouvernement ne serait pas complet, s'il ne leur donnait pas la facilité de trouver des places où ils puissent utilement, pour eux et pour les arts, exercer leurs talens.

Il resterait encore à présenter bien d'autres considérations importantes, quoique secondaires, mais celles énoncées jusqu'ici paraissent suffire pour obtenir quelques réflexions. Il faut donc finir.

En résumé, la translation de l'école des Arts et Métiers, de Châlons à Toulouse, indépendamment des frais énormes qu'elle occasionnerait, détruira de fond en comble un établissement prospère, arrivé au point le plus désirable et le plus conforme à son institution; elle portera à Toulouse une école absolument nouvelle, qu'il faudra former totalement sous les auspices les moins favorables à sa prospérité, et qui ne pourra arriver qu'après de longues années, à un état quelconque de perfectionnement. Ce n'est pas qu'on doive s'éloigner de l'idée de former à Toulouse une école d'arts et métiers. Je pense que pour le bien de l'industrie, il serait à désirer que plusieurs fussent instituées dans différentes parties du royaume; l'état, par le bien qui en résulterait pour l'industrie nationale, serait, plus ou moins tôt, dédommagé des dépenses qu'occasionneraient ces nouveaux établissemens. Toulouse, ville considérable du Midi, serait très-propre à recevoir un tel établissement, mais il ne devrait être, en quelque sorte, qu'une succursale de l'École principale établie à Châlons; une école de 200 élèves y paraîtrait suffisante, et pourrait en quelque temps y prospérer. Un certain nombre d'élèves, de maîtres, d'employés y seraient envoyés de Châlons et serviraient de noyau à cette nouvelle école, ainsi qu'il en a été usé pour l'école de Beaupreau, aujourd'hui établie à Angers, et dont les succès sont satisfaisans sur tous les points. Alors un bel établissement ne serait pas détruit; le fruit de tant de soins, de travaux et de dépenses, ne serait pas perdu. Autrement l'école des Arts et Métiers, telle qu'elle est aujourd'hui, au point où l'ont mise tant de soins, tant d'expérience et tant de frais, sera anéantie, et l'école de Toulouse sera une nouvelle école à établir, sans une grande probabilité de la voir jamais dans l'état florissant où elle se trouve aujourd'hui, et qui lui mérite l'opinion et la confiance publiques, dont les témoignages lui sont constamment donnés, ne fût-ce que par le grand nombre de pensionnaires, enfans de riches manufacturiers, qui trouvent dans cette école un achèvement nécessaire à ceux de leurs fils qu'ils destinent à les aider ou à leur succéder dans leurs travaux.

www.ingramcontent.com/pod-product-compliance
Lightning Source LLC
Chambersburg PA
CBHW060900050426
42453CB00011B/2059